The Secret Gathering of Cats and Other Stories: Bilingual Danish-English Short Stories

Coledown Bilingual Books

Published by Coledown Bilingual Books, 2023.

While every precaution has been taken in the preparation of this book, the publisher assumes no responsibility for errors or omissions, or for damages resulting from the use of the information contained herein.

THE SECRET GATHERING OF CATS AND OTHER STORIES: BILINGUAL DANISH-ENGLISH SHORT STORIES

First edition. July 13, 2023.

ISBN: 979-8215267738

Written by Coledown Bilingual Books.

Table of Contents

Den Hemmelige Kattesammenkomst
The Secret Gathering of Cats

Det var en varm sommerdag i den lille landsby, hvor alle var optaget af deres daglige gøremål. Imidlertid, bag de høje hække og skjult i skyggerne, var der en begivenhed under opsejling. Kattene i landsbyen var ved at arrangere en hemmelig sammenkomst. De mødtes ved midnat, når alle mennesker sov, og de talte om vigtige sager, som kun katte kan forstå.

It was a warm summer day in the small village, where everyone was busy with their daily activities. However, behind the tall hedges and hidden in the shadows, an event was brewing. The village cats were organizing a secret gathering. They met at midnight, when all the humans were asleep, and they discussed important matters that only cats could understand.

Blandt kattene var Frøken Mjaven, en elegant og klog siameserkat, og Frederik, en vildkat med et eventyrlystent sind. Der var også den gamle Felix, som altid havde et godt råd at give. De mødtes i en forladt lade, hvor de diskuterede alt fra jagtstrategier til den bedste måde at vinde menneskers hjerter på.

Among the cats were Miss Meow, an elegant and wise Siamese cat, and Frederik, a stray cat with an adventurous spirit. There was also old Felix, who always had good advice to offer. They gathered in an abandoned barn, where they discussed everything from hunting strategies to the best way to win over human hearts.

Denne aften var der en særlig bekymring, der optog kattene. De havde bemærket, at flere og flere mennesker var begyndt at bruge robotstøvsugere i deres hjem. Det betød færre pelsede tæpper at hvile sig på og mindre tid til at lege med snore. Kattene følte sig truet af disse maskiner, der snoede sig rundt i husene og gjorde deres tilstedeværelse overflødig.

This evening, there was a particular concern occupying the cats' minds. They had noticed that more and more humans had started using robotic vacuum cleaners in their homes. It meant fewer furry carpets to rest on and less time to play with strings. The cats felt threatened by these machines that slithered around the houses, rendering their presence unnecessary.

Frøken Mjaven rejste sig fra sin plads og kløede sig bag øret. "Mine venner," sagde hun, "vi må handle. Vi kan ikke tillade disse robotter at erstatte os. Vi må finde en måde at vise mennesker, hvor meget vi betyder for dem."

Miss Meow stood up from her spot and scratched behind her ear. "My friends," she said, "we must take action. We cannot allow these robots to replace us. We must find a way to show humans how much we mean to them."

Efter mange timers diskussion og meow'en frem og tilbage nåede kattene frem til en plan. De ville organisere en katteparade gennem landsbyen og vise deres styrke og skønhed. Alle katte i landsbyen skulle deltage, selv dem der normalt var uvenner. Det var vigtigt at forene sig i denne sag.

After hours of discussion and meowing back and forth, the cats reached a plan. They would organize a cat parade through the village, showcasing their strength and beauty. Every cat in the village would participate, even those who were usually enemies. It was important to unite in this cause.

Næste aften, da månen var oppe, begyndte katteparaden. Fra den ene ende af landsbyen til den anden vandrede kattene med stolthed og værdighed. Menneskerne stirrede forundret på denne usædvanlige begivenhed og smilede ved synet af de elegante dyr.

The following evening, with the moon shining, the cat parade began. From one end of the village to the other, the cats strolled with pride and dignity. People stared in amazement at this unusual event and smiled at the sight of the elegant creatures.

Denne parade blev en årlig begivenhed i landsbyen og gav anledning til et nyt samarbejde mellem katte og mennesker. Robotstøvsugerne blev stadig brugt, men nu blev de betragtet som en slags underholdning for kattene. Og således fortsatte livet i landsbyen, med katte og mennesker, der delte deres verden på en helt særlig måde.

This parade became an annual event in the village, giving rise to a new collaboration between cats and humans. The robotic vacuum cleaners were still used, but now they were considered a form of entertainment for the cats. And so, life in the village continued, with cats and humans sharing their world in a very special way.

Hemmeligheden i Det Gamle Bibliotek

The Secret of The Old Library

Fru Hansen var en stille og rolig dame, der boede i en lille by ved kysten. Hun havde altid haft en forkærlighed for bøger og brugte meget af sin tid på at udforske historierne i Det Gamle Bibliotek. Hver dag sad hun ved et vindue i bibliotekets læsesal og fordybede sig i gamle værker og deres hemmeligheder.

Mrs. Hansen was a quiet and calm lady who lived in a small town by the coast. She had always had a fondness for books and spent much of her time exploring the stories within The Old Library. Every day, she sat by a window in the library's reading room, immersing herself in old works and their secrets.

En regnfuld eftermiddag, da Fru Hansen bladrede gennem siderne af en antik bog om eventyr, bemærkede hun noget usædvanligt. Mellem siderne fandt hun et falmet brev. Forsigtigt åbnede hun det og læste ordene, der afslørede en gammel familiehemmelighed, der havde været skjult i generationer.

On a rainy afternoon, as Mrs. Hansen flipped through the pages of an antique book of fairy tales, she noticed something unusual. Between the pages, she found a faded letter. Carefully, she opened it and read the words, which revealed an old family secret that had been hidden for generations.

Brevet afslørede, at der var en skjult passage i biblioteket, der førte til en forsvundet skat. Fru Hansen blev grebet af nysgerrighed og begyndte straks at udforske hver krog af biblioteket for at finde indgangen til denne skjulte passage. Efter mange timers søgen stod hun pludselig foran en bogreol, der åbnede sig som en dør og afslørede en mørk og mystisk gang.

The letter revealed that there was a hidden passage in the library that led to a lost treasure. Mrs. Hansen was seized with curiosity and immediately began exploring every nook of the library to find the entrance to this hidden passage. After hours of searching, she suddenly stood before a bookshelf that opened like a door, revealing a dark and mysterious corridor.

Med hjertet bankende af spænding begav hun sig ind i gangen, der førte hende dybere ind i hemmelighedernes labyrint. Lysstråler skinnede gennem sprækker i væggene og afslørede et gammelt skatkammer. Hun stod overvældet af synet af juvelbesatte artefakter og forgyldte bøger, der var blevet glemt af tidens gang.

With her heart pounding with excitement, she ventured into the corridor, which led her deeper into the labyrinth of secrets. Beams of light shone through cracks in the walls, revealing an ancient treasure chamber. She stood overwhelmed by the sight of jewel-encrusted artifacts and gilded books that had been forgotten by the passage of time.

Imens hun udforskede skatkammeret, indså Fru Hansen, at denne opdagelse ikke blot var en personlig triumf, men også en mulighed for at dele noget specielt med byens befolkning. Hun besluttede sig for at organisere en udstilling, hvor folk kunne se og beundre de skjulte skatte fra bibliotekets hemmelige passage.

As she explored the treasure chamber, Mrs. Hansen realized that this discovery was not just a personal triumph but also an opportunity to share something special with the town's people. She decided to organize an exhibition where people could see and admire the hidden treasures from the library's secret passage.

Ord om udstillingen spredte sig hurtigt, og folk fra nær og fjern strømmede til byen for at opleve de vidunderlige artefakter. Alle var taknemmelige over, at Fru Hansen havde åbnet deres øjne for det skjulte skatkammer i Det Gamle Bibliotek.

Word of the exhibition spread quickly, and people from near and far flocked to the town to experience the marvelous artifacts. Everyone was grateful that Mrs. Hansen had opened their eyes to the hidden treasure chamber in The Old Library.

Fru Hansen fortsatte med at udforske Det Gamle Bibliotek og opdagede flere skjulte hemmeligheder. Hendes eventyr var kun begyndelsen på en uforglemmelig rejse fyldt med historier, der ventede på at blive fortalt. Og således fortsatte Fru Hansens passion for bøger og hendes uendelige opdagelsesrejse i bibliotekets dybder.

Mrs. Hansen continued to explore The Old Library and discovered more hidden secrets. Her adventure was only the beginning of an unforgettable journey filled with stories waiting to be told. And thus, Mrs. Hansen's passion for books and her endless quest for discovery in the depths of the library continued.

Det Mystiske Maleri
The Mysterious Painting

Frøken Jensen var en ensom og tavs kvinde, der boede i en lille lejlighed i hjertet af byen. Hendes liv var præget af rutiner og ensomhed, men en dag ændrede alt sig, da hun arvede et gammelt maleri fra sin afdøde tante. Maleriet var indrammet i en forvitret træramme og forestillede et landskab med et gammelt forladt hus.

Miss Jensen was a lonely and silent woman who lived in a small apartment in the heart of the city. Her life was marked by routines and solitude, but one day, everything changed when she inherited an old painting from her late aunt. The painting was framed in a weathered wooden frame and depicted a landscape with an old abandoned house.

Frøken Jensen blev draget af maleriets mystik og besluttede sig for at hænge det op på sin væg. Men efter at have hængt det op, bemærkede hun noget usædvanligt. Hvert nat, når uret slog midnat, bevægede figurerne på maleriet sig som om de kom til live. Det var som om de inviterede hende til at træde ind i maleriets verden.

Miss Jensen was drawn to the painting's mystery and decided to hang it on her wall. But after hanging it, she noticed something unusual. Every night, when the clock struck midnight, the figures in the painting moved as if they came to life. It was as if they were inviting her to step into the world of the painting.

En aften kunne Frøken Jensen ikke modstå fristelsen længere. Da uret slog midnat, berørte hun forsigtigt maleriet med fingerspidserne, og pludselig blev hun suget ind i maleriets verden. Hun befandt sig nu midt i det forladte hus, som hun kun havde set på lærredet.

One evening, Miss Jensen could no longer resist the temptation. When the clock struck midnight, she gently touched the painting with her fingertips, and suddenly, she was sucked into the world of the painting. She now found herself in the middle of the abandoned house she had only seen on canvas.

Hun gik rundt i det gamle hus og opdagede dets hemmeligheder. Hvert værelse afslørede spor af en tidligere tid og fortalte historier om dem, der havde boet der. Men det var i det sidste rum, hun fandt det mest betagende. Der stod et gammelt skrivebord med en åben bog. På den sidste side var der skrevet et navn - hendes eget.

She walked around the old house and discovered its secrets. Each room revealed traces of a bygone era and told stories of those who had lived there. But it was in the last room that she found the most captivating sight. There stood an old desk with an open book. On the last page, a name was written - her own.

Forvirret og forundret læste hun ordene på siden. Det var en historie om en kvinde, der var fanget mellem to verdener og længtes efter at finde sit sande hjem. Frøken Jensen indså, at hun ikke var den første, der havde trådt ind i maleriets verden, og at det forladte hus var et sted, hvor sjæle søgte efter deres sande tilhørsforhold.

Confused and astonished, she read the words on the page. It was a story about a woman trapped between two worlds, longing to find her true home. Miss Jensen realized she was not the first to step into the world of the painting, and that the abandoned house was a place where souls sought their true belonging.

Efter at have læst historien vendte Frøken Jensen tilbage til sit eget hjem og maleriet på væggen. Hun følte sig forbundet med maleriet og de mennesker, der havde levet i det forladte hus. Fra den dag af begyndte hun at skrive historier om dem, hun havde mødt i maleriets verden og delte deres sjælefulde rejser med verden udenfor.

After reading the story, Miss Jensen returned to her own home and the painting on the wall. She felt connected to the painting and the people who had lived in the abandoned house. From that day forward, she began writing stories about those she had encountered in the world of the painting, sharing their soulful journeys with the outside world.

Te-selskabet
The Tea Society

I den lille landsby Mølleby boede der en gruppe venner, der mødtes hver tirsdag eftermiddag til te-selskab. De kaldte sig selv "Te-selskabet" og havde et særligt ritual. Hver uge var det en af medlemmernes tur til at være vært og vælge en spændende tevariant at dele med de andre.

In the small village of Mølleby, there lived a group of friends who gathered every Tuesday afternoon for a tea society. They called themselves "The Tea Society" and had a special ritual. Each week, it was one of the members' turn to host and choose an exciting tea variety to share with the others.

Denne tirsdag var det fru Andersen, der skulle være vært. Hun var kendt for sin passion for blomster og besluttede sig for at overraske de andre med en helt særlig blomsterte, hun havde opdaget under en af sine mange rejser. Hun inviterede Te-selskabet til sit smukke blomsterfyldte haveanlæg.

This Tuesday, it was Mrs. Andersen's turn to host. She was known for her passion for flowers and decided to surprise the others with a very special floral tea she had discovered during one of her many travels. She invited The Tea Society to her beautiful flower-filled garden.

Dagen kom, og Te-selskabet samledes i fru Andersens have. De satte sig ned ved et stort bord dækket med farverige kopper, fine porcelænskander og duftende kager. Fru Andersen præsenterede stolt sin nye blomsterte og hældte duftende væsker i hver kop.

The day arrived, and The Tea Society gathered in Mrs. Andersen's garden. They sat down at a large table adorned with colorful cups, delicate porcelain teapots, and fragrant cakes. Mrs. Andersen proudly presented her new floral tea and poured aromatic liquids into each cup.

Mens de nød deres te, begyndte noget magisk at ske. Med hver slurk følte de sig transporterede til fjerne steder, hvor blomsterdufte fyldte luften, og farverige sommerfugle dansede omkring dem. De oplevede en følelse af indre fred og harmoni, som kun naturens skønhed kan frembringe.

As they savored their tea, something magical started to happen. With each sip, they felt transported to distant places where flower scents filled the air, and colorful butterflies danced around them. They experienced a sense of inner peace and harmony that only the beauty of nature can evoke.

De begyndte at dele historier om deres liv, drømme og håb. Under blomstertens betagende indflydelse blev deres venskab stærkere og mere dybtgående. De opdagede, at te ikke kun var en drik, men også en kilde til at forbinde sjæle og skabe nære bånd mellem mennesker.

They started sharing stories about their lives, dreams, and hopes. Under the enchanting influence of the floral tea, their friendship grew stronger and more profound. They discovered that tea was not just a beverage but also a source of connecting souls and forging deep bonds between people.

Efter flere timer med samtaler og latter stod solen lavt på himlen. Te-selskabet følte sig beriget og taknemmelige for denne særlige eftermiddag i fru Andersens have. De lovede hinanden at fortsætte deres ugentlige te-selskaber og skabe endnu flere uforglemmelige øjeblikke sammen.

After several hours of conversation and laughter, the sun was low in the sky. The Tea Society felt enriched and grateful for this special afternoon in Mrs. Andersen's garden. They promised each other to continue their weekly tea gatherings and create even more unforgettable moments together.

Den Hemmelige Krydderiblanding
The Secret Spice Blend

———

Hr. Larsen var en passioneret gourmetkok, der drev en populær restaurant i hjertet af byen. Hans kulinariske kreationer var berømte for deres smag og kreativitet. Men bag hans succeshistorie gemte der sig en hemmelighed - en unik krydderiblanding, som han brugte i alle sine retter. Denne krydderiblanding var grundlaget for hans enestående madlavning og en del af hans identitet som kok.

Mr. Larsen was a passionate gourmet chef who ran a popular restaurant in the heart of the city. His culinary creations were famous for their taste and creativity. But behind his success story, there was a secret - a unique spice blend that he used in all his dishes. This spice blend was the foundation of his extraordinary cooking and a part of his identity as a chef.

Hr. Larsen havde arvet den hemmelige opskrift fra sin afdøde bedstefar, der også var en dygtig kok. Bedstefaren havde givet ham et gammelt, håndskrevet brev, der indeholdt opskriften på den specielle krydderiblanding. Hr. Larsen værnede om denne opskrift som sin bedste skat og tog hemmeligheden med sig i køkkenet hver dag.

Mr. Larsen had inherited the secret recipe from his late grandfather, who was also a skilled chef. His grandfather had given him an old, handwritten letter containing the recipe for the special spice blend.

Mr. Larsen cherished this recipe as his most precious treasure and carried the secret with him in the kitchen every day.

En dag opstod der en uventet begivenhed i restauranten. En af gæsterne, en madkritiker ved navn Frk. Jensen, blev dybt betaget af smagen af Hr. Larsens retter og besluttede sig for at undersøge, hvad der gjorde dem så enestående. Hun bad om at tale med Hr. Larsen og bad om at få afsløret hemmeligheden bag hans krydderiblanding.

One day, an unexpected event unfolded in the restaurant. One of the guests, a food critic named Miss Jensen, was deeply captivated by the taste of Mr. Larsen's dishes and decided to investigate what made them so extraordinary. She requested to speak with Mr. Larsen and asked him to reveal the secret behind his spice blend.

Hr. Larsen blev overrasket og en smule mistroisk over denne anmodning. Han havde aldrig delt hemmeligheden med nogen, og det var en del af hans køkkenmagi. Han tog sig tid til at overveje det og besluttede sig til sidst for at dele hemmeligheden med Frk. Jensen. Han inviterede hende til at deltage i en særlig madlavningsseance, hvor han ville afsløre hemmeligheden bag krydderiblandingen.

Mr. Larsen was surprised and a bit wary of this request. He had never shared the secret with anyone, and it was part of his kitchen magic. He took time to consider it and eventually decided to share the secret with Miss Jensen. He invited her to participate in a special cooking session where he would reveal the secret behind the spice blend.

Under madlavningsseancen åbnede Hr. Larsen sit hjerte og delte historien om sin bedstefar, kærligheden til madlavning og betydningen af den hemmelige krydderiblanding. Han guidede Frk. Jensen gennem trinene og bad hende om at forstå og respektere hemmeligheden. Hun lærte at værdsætte den dyrebare opskrift og den nøje afstemte balance af smag og aroma, som krydderiblandingen tilføjede hans retter.

During the cooking session, Mr. Larsen opened his heart and shared the story of his grandfather, the love for cooking, and the significance of the secret spice blend. He guided Miss Jensen through the steps and asked her to understand and respect the secret. She learned to appreciate the precious recipe and the meticulously balanced taste and aroma that the spice blend added to his dishes.

Frk. Jensen blev rørt af Hr. Larsens tillid og ægte lidenskab for madlavning. Hun skrev en ærefuld anmeldelse af restauranten og betonede betydningen af den hemmelige krydderiblanding. Hr. Larsen var taknemmelig for hendes forståelse og blev bekræftet i, at hemmeligheden var i sikre hænder.

Miss Jensen was touched by Mr. Larsen's trust and genuine passion for cooking. She wrote an honorable review of the restaurant, emphasizing the significance of the secret spice blend. Mr. Larsen was grateful for her understanding and felt reassured that the secret was in safe hands.

Hr. Larsen fortsatte med at fortrylle sine gæster med sine kulinariske mesterværker, hvor han nøje brugte den hemmelige krydderiblanding. Hemmeligheden forblev velbevaret, men hans hjerte var fyldt med glæde over at have delt den med en person, der virkelig kunne værdsætte det. Og i hver bid af hans retter levede historien om den unikke krydderiblanding videre.

Mr. Larsen continued to enchant his guests with his culinary masterpieces, using the secret spice blend carefully. The secret remained well-preserved, but his heart was filled with joy for having shared it with someone who truly appreciated it. And in every bite of his dishes, the story of the unique spice blend lived on.

Katten på Trappestenen
The Cat on the Doorstep

———

Det var en solrig eftermiddag i den lille by ved floden, hvor livet gik sin rolige gang. En ensom kat strejfede rundt på gaderne og søgte efter et varmt sted at hvile sig. Den endte ved en trappesten foran en gammel herregård, hvor den fandt den perfekte plet i solens varme stråler.

It was a sunny afternoon in the small town by the river, where life went on at its own tranquil pace. A lonely cat roamed the streets, searching for a warm spot to rest. It ended up on a doorstep in front of an old mansion, where it found the perfect spot in the warmth of the sun's rays.

Frøken Jensen, ejeren af herregården, gik forbi og bemærkede den søde lille kat, der nød solen på hendes trappesten. Hun besluttede sig for at give katten lidt mad og vand, og langsomt begyndte de at knytte bånd. Katten var taknemmelig for den venlighed, hun modtog og valgte at blive på trappestenen som sit nye hjem.

Miss Jensen, the owner of the mansion, walked by and noticed the sweet little cat basking in the sun on her doorstep. She decided to give the cat some food and water, and slowly they formed a bond. The cat was grateful for the kindness she received and chose to stay on the doorstep as her new home.

Frøken Jensen kaldte katten "Sollys" på grund af dens kærlighed til solen. De to blev uadskillelige og tilbragte mange lykkelige dage sammen. Sollys blev hurtigt en kendt figur i byen, og folk begyndte at besøge herregården for at hilse på det elskelige kæledyr.

Miss Jensen named the cat "Sunbeam" because of its love for the sun. The two became inseparable and spent many happy days together. Sunbeam quickly became a well-known figure in the town, and people started visiting the mansion to greet the lovable pet.

Men en dag begyndte Sollys at opføre sig anderledes. Den blev trist og tilbragte mere tid på trappestenen end på eventyr i byen. Frøken Jensen indså, at Sollys længtes efter noget mere. Hun besluttede sig for at åbne døren til herregården og invitere Sollys ind i varmen og trygheden i sit hjem.

But one day, Sunbeam started behaving differently. She became sad and spent more time on the doorstep than going on adventures in the town. Miss Jensen realized that Sunbeam longed for something more. She decided to open the door to the mansion and invite Sunbeam into the warmth and security of her home.

Sollys sprang glad ind og udforskede hvert hjørne af det store hus. Den fandt sin egen bløde seng og spandt taknemmeligt. Nu kunne den endelig nyde selskabet og kærligheden fra sin menneskelige ven døgnet rundt. Livet var blevet fyldt med endnu mere glæde og varme for både Sollys og Frøken Jensen.

Sunbeam happily jumped in and explored every corner of the large house. She found her own soft bed and purred gratefully. Now she could finally enjoy the companionship and love from her human friend around the clock. Life had become filled with even more joy and warmth for both Sunbeam and Miss Jensen.

Sollys og Frøken Jensen fortsatte med at skabe minder og glæde sammen. Den lille kat fandt et evigt hjem, og Frøken Jensen fandt en trofast følgesvend. Deres historie blev fortalt i hele byen som et eksempel på, hvordan selv den mindste gestus af venlighed kan føre til et liv fyldt med kærlighed og lykke.

Sunbeam and Miss Jensen continued to create memories and happiness together. The little cat found a forever home, and Miss Jensen found a loyal companion. Their story was told throughout the town as an example of how even the smallest gesture of kindness can lead to a life filled with love and happiness.

Mysteriet om den Forsvundne Skat
The Mystery of the Lost Treasure

Det var en stille sommerdag i den idylliske landsby, hvor hverdagen gik sin rolige gang. Men under overfladen lå der et mysterium, der ventede på at blive afsløret. En gruppe nysgerrige børn ved navn "Det Hemmelige Detektivteam" var fast besluttet på at opklare dette mysterium og løse gåden om den forsvundne skat.

It was a quiet summer day in the idyllic village, where everyday life went on at its tranquil pace. But beneath the surface, there was a mystery waiting to be uncovered. A group of curious children called "The Secret Detective Team" was determined to solve this mystery and unravel the puzzle of the lost treasure.

Børnene var en sammensat gruppe med forskellige talenter. Der var Emma, den skarpsindige observatør, der aldrig gik glip af et eneste spor. Der var Jonas, den modige leder, der altid førte vejen. Og så var der Sofie, den kreative tænker, der kunne finde løsninger på selv de mest komplicerede gåder.

The children were a diverse group with different talents. There was Emma, the keen observer who never missed a single clue. There was Jonas, the brave leader who always took the lead. And then there was was Sofie, the creative thinker who could find solutions to even the most complicated puzzles.

Rygterne om en forsvunden skat havde spredt sig i landsbyen, og Det Hemmelige Detektivteam besluttede sig for at begynde deres egen efterforskning. De stødte på gamle kort, mystiske symboler og hemmelige beskeder, der førte dem på en eventyrlig rejse gennem landsbyen.

Rumors of a lost treasure had spread throughout the village, and The Secret Detective Team decided to start their own investigation. They came across old maps, mysterious symbols, and secret messages that led them on an adventurous journey through the village.

Efter mange dages søgen og mange timer med at dechifrere gåderne, stod de endelig foran det gamle egetræ, hvor skatten siges at være begravet. Men pludselig opdagede de, at de ikke var de eneste, der havde fundet vej til skjulestedet. En rivaliserende gruppe af skattejægere var også nået frem og var fast besluttet på at få fat i skatten først.

After days of searching and hours spent deciphering the puzzles, they finally stood in front of the old oak tree where the treasure was said to be buried. But suddenly, they discovered that they were not the only ones who had found their way to the hiding place. A rival group of treasure hunters had also arrived and were determined to get their hands on the treasure first.

Det Hemmelige Detektivteam vidste, at de skulle handle hurtigt. De udnyttede deres forskellige talenter og samarbejdede for at overliste rivalerne. Med Emma som observatør spottede de et afgørende spor, der førte dem til en skjult underjordisk hule, hvor skatten skulle være.

The Secret Detective Team knew they had to act quickly. They utilized their different talents and worked together to outsmart the rivals. With Emma as the observer, they spotted a crucial clue that led them to a hidden underground cave where the treasure was said to be.

I hulen blev de mødt af en skinnende kiste fyldt med guld, ædelstene og historiske artefakter. Det Hemmelige Detektivteam havde løst mysteriet om den forsvundne skat og sikrede sig den ærefulde titel som landsbyens helte.

In the cave, they were greeted by a shimmering chest filled with gold, gemstones, and historical artifacts. The Secret Detective Team had solved the mystery of the lost treasure and earned the honorable title of the village's heroes.

Med skatten blev landsbyen forvandlet. Pengene blev brugt til at renovere det gamle bibliotek, bygge en legeplads til børnene og støtte lokale velgørenhedsprojekter. Men det vigtigste var, at Det Hemmelige Detektivteam opdagede, at det var deres venskab, samarbejde og mod, der var den største skat af alle.

With the treasure, the village was transformed. The money was used to renovate the old library, build a playground for the children, and support local charity projects. But most importantly, The Secret Detective Team discovered that their friendship, teamwork, and courage were the greatest treasure of all.

Den Mystiske Armbåndsur
The Mysterious Wristwatch

Fru Møller var en ældre dame, der boede i en gammel lejlighed i hjertet af byen. Hun havde altid været fascineret af gamle genstande og havde en samling af antikviteter. Men en dag opdagede hun noget usædvanligt blandt sine ejendele - et gammelt armbåndsur med en skinnende guldfinish og en delikat indgraveret mønster.

Mrs. Møller was an elderly lady who lived in an old apartment in the heart of the city. She had always been fascinated by old objects and had a collection of antiques. But one day, she discovered something unusual among her possessions - an old wristwatch with a shiny gold finish and a delicately engraved pattern.

Fru Møller havde aldrig set uret før, og hun blev grebet af nysgerrighed om dets oprindelse og historie. Hun besluttede sig for at undersøge nærmere og finde ud af, hvor uret stammede fra. Hun begyndte at søge i bøger og besøge antikvitetsbutikker for at få mere viden om denne mystiske genstand.

Mrs. Møller had never seen the watch before, and she was seized with curiosity about its origin and history. She decided to investigate further and find out where the watch came from. She started searching through books and visiting antique shops to gather more information about this mysterious object.

Efter mange timers søgen stødte Fru Møller på en gammel avisartikel, der nævnte et identisk armbåndsur, der tilhørte en berømt skuespillerinde fra det forgangne århundrede. Uret var blevet stjålet i en dramatisk røveri, og det var aldrig blevet fundet igen. Nu begyndte puslespillet at tage form.

After hours of searching, Mrs. Møller came across an old newspaper article that mentioned an identical wristwatch belonging to a famous actress from the past century. The watch had been stolen in a dramatic robbery, and it had never been found again. Now the puzzle started to take shape.

Fru Møller indså, at hun sad med det forsvundne armbåndsur i sin besiddelse. Hun var overvældet af følelsen af at have et værdifuldt stykke historie mellem hænderne. Men samtidig følte hun sig forpligtet til at finde ud af, hvordan uret var endt hos hende.

Mrs. Møller realized that she had the lost wristwatch in her possession. She was overwhelmed by the sense of holding a valuable piece of history in her hands. But at the same time, she felt compelled to find out how the watch had ended up with her.

Efter intensivt efterforskning og efter at have kontaktet politiet blev det afsløret, at uret oprindeligt var blevet købt på en auktion og havde skiftet ejere flere gange, indtil det til sidst fandt vej til Fru Møllers samling af antikviteter. Uret havde rejst en lang vej gennem tid og skæbne for at blive forenet med sin retmæssige ejer.

After intensive investigation and contacting the police, it was revealed that the watch had originally been purchased at an auction and had changed owners several times until it eventually found its way into Mrs. Møller's collection of antiques. The watch had traveled a long journey through time and fate to be reunited with its rightful owner.

Fru Møller besluttede sig for at returnere uret til de rette ejere - efterkommerne af den berømte skuespillerinde. Hun vidste, at det var den rigtige og ærlige ting at gøre. Med en følelse af lettelse og tilfredshed afsluttede hun det kapitel af urets historie og vidste, at det ville blive bevaret for kommende generationer.

Mrs. Møller decided to return the watch to its rightful owners - the descendants of the famous actress. She knew it was the right and honest thing to do. With a sense of relief and satisfaction, she closed that chapter of the watch's history, knowing that it would be preserved for future generations.

Historien om det mystiske armbåndsur blev kendt i byen som et eksempel på integritet og ærlighed. Fru Møller blev hyldet som en ægte bevarer af historie og en inspirationskilde for andre. Og selvom hun havde sagt farvel til uret, beholdt hun en uforglemmelig erindring om at have været en del af noget større end sig selv.

The story of the mysterious wristwatch became known throughout the city as an example of integrity and honesty. Mrs. Møller was celebrated as a true preserver of history and a source of inspiration for others. And though she had said goodbye to the watch, she retained an unforgettable memory of having been a part of something greater than herself.

Caféen ved Kysten
The Café by the Coast

―――

Det var en solrig sommerdag ved kysten, hvor bølgerne brød mod klipperne og skabte et beroligende lydspor. Ved strandpromenaden lå en lille café, der var kendt for sin hyggelige atmosfære og lækre kager. Caféen var en populær destination for både lokale og turister, der søgte efter øjeblikke af ro og nydelse.

It was a sunny summer day by the coast, where the waves crashed against the cliffs, creating a soothing soundtrack. Along the promenade, there was a small café known for its cozy atmosphere and delicious cakes. The café was a popular destination for both locals and tourists, seeking moments of tranquility and enjoyment.

Caféens ejer, fru Olsen, var en varm og imødekommende kvinde, der elskede at byde folk velkommen med et smil. Hun havde altid en historie at dele og en venlig gestus til hver gæst. Hendes kager var berømte i området og blev lavet med kærlighed og omhu.

The café's owner, Mrs. Olsen, was a warm and welcoming woman who loved greeting people with a smile. She always had a story to share and a kind gesture for every guest. Her cakes were famous in the area and made with love and care.

En dag kom en ung mand ved navn Emil ind i caféen. Han var en eventyrlysten sjæl, der havde rejst langt for at finde inspiration til sin kunst. Han blev draget af caféens charme og besluttede sig for at slå sig ned ved et vinduesbord. Han bestilte en kop varm chokolade og lod sin fantasi flyve.

One day, a young man named Emil walked into the café. He was an adventurous soul who had traveled far to find inspiration for his art. He was captivated by the café's charm and decided to settle down at a window table. He ordered a cup of hot chocolate and let his imagination soar.

Fru Olsen bemærkede Emils kreative gnist og startede en samtale. De talte om kunst, eventyr og drømme. Emil delte sin passion for maleri, og fru Olsen opfordrede ham til at udstille sine værker i caféen. Hun troede på hans talent og ønskede at støtte ham i hans kunstneriske rejse.

Mrs. Olsen noticed Emil's creative spark and started a conversation. They talked about art, adventures, and dreams. Emil shared his passion for painting, and Mrs. Olsen encouraged him to exhibit his works in the café. She believed in his talent and wanted to support him in his artistic journey.

Ugerne gik, og Emils malerier blev en del af caféens atmosfære. De hang på væggene og tiltrak opmærksomhed fra de besøgende. Mange spurgte om historierne bag hvert billede, og Emil tog sig tid til at dele sine oplevelser og visioner med dem.

Weeks passed, and Emil's paintings became a part of the café's ambiance. They adorned the walls and attracted the attention of the visitors. Many asked about the stories behind each painting, and Emil took the time to share his experiences and visions with them.

Caféen ved kysten blev et kreativt samlingssted, hvor kunst og kultur blomstrede. Lokale kunstnere begyndte at udstille deres værker, og musikere optrådte live til glæde for gæsterne. Fru Olsen var stolt over at se, hvordan caféen var blevet en inspiration for samfundet og et sted, hvor drømme blev født.

The café by the coast became a creative hub where art and culture flourished. Local artists started exhibiting their works, and musicians performed live to delight the guests. Mrs. Olsen was proud to see how the café had become an inspiration for the community, a place where dreams were born.

Caféen ved kysten var mere end bare et sted for kaffe og kage. Den var et varmt og åbent rum, hvor mennesker kunne mødes, udtrykke sig og finde fællesskab. Det blev et symbol på, hvordan en enkelt person og et enkelt sted kunne gøre en forskel i folks liv og berige samfundet som helhed.

The café by the coast was more than just a place for coffee and cake. It was a warm and open space where people could gather, express themselves, and find community. It became a symbol of how a single person and a single place could make a difference in people's lives and enrich the community as a whole.

Mysteriet om den Forsvundne Brevdue

The Mystery of the Lost Homing Pigeon

———

I den lille landsby Tårnborg boede der en gruppe venner, der delte en fælles passion for brevduer. De havde hver deres stolte duekolonier og konkurrerede om at have de hurtigste og mest pålidelige brevduer. Men en dag forsvandt en af deres mest værdifulde duevenner, og det satte gang i et mysterium, der skulle løses.

In the small village of Tårnborg, there lived a group of friends who shared a common passion for homing pigeons. They each had their own proud pigeon colonies and competed to have the fastest and most reliable pigeons. But one day, one of their most valuable feathered friends disappeared, sparking a mystery that needed to be solved.

Peter, en af duernes ejere, besluttede sig for at undersøge sagen nærmere. Han var en tålmodig og dedikeret mand, der havde opbygget et særligt bånd med den forsvundne due, som han kaldte "Vingeflugt". Han gennemsøgte landsbyen og omegnen i håb om at finde nogen, der havde set eller hørt noget om Vingeflugts forsvinden.

Peter, one of the pigeon owners, decided to investigate the matter further. He was a patient and dedicated man who had formed a special bond with the missing pigeon, whom he called "Wingsoar." He searched the village and its surroundings, hoping to find someone who had seen or heard something about Wingsoar's disappearance.

Efter mange dages søgen stødte Peter på en lokal bonde, der hævdede at have set en prægtig due svæve over marken og forsvinde i det fjerne. Bonden fortalte om en mystisk person, der havde kigget nysgerrigt på fuglen, før den forsvandt ud af syne. Dette blev et afgørende spor i opklaringen af mysteriet.

After days of searching, Peter came across a local farmer who claimed to have seen a magnificent pigeon soaring over the field and disappearing in the distance. The farmer spoke of a mysterious person who had curiously observed the bird before it vanished out of sight. This became a crucial clue in unraveling the mystery.

Peter delte sine opdagelser med de andre dueejere i landsbyen. De besluttede sig for at samarbejde og finde ud af, hvem denne mystiske person var og hvad der kunne være sket med Vingeflugt. De begyndte at tale med folk i landsbyen og samlede spor og vidnesbyrd.

Peter shared his findings with the other pigeon owners in the village. They decided to collaborate and uncover who this mysterious person was and what could have happened to Wingsoar. They started talking to people in the village, gathering clues and testimonies.

Efter omhyggelig efterforskning afslørede det sig, at den mistænkelige person var en fremmed fugleelsker ved navn Albert, der havde udviklet en besættelse af dueverdenen. Han var kendt for at have en hemmelig voliere, hvor han holdt forskellige fuglearter fanget.

After thorough investigation, it was revealed that the suspicious person was a stranger and bird enthusiast named Albert, who had developed an obsession with the world of pigeons. He was known to have a secret aviary where he kept various bird species captive.

Peter og de andre dueejere opsøgte Albert og konfronterede ham med deres mistanke. De krævede at se volieren og undersøge om Vingeflugt var blevet fanget af den ukendte fugleelsker. Albert, skamfuld og med anger i øjnene, ledte dem til volieren og beklagede sin handling.

Peter and the other pigeon owners confronted Albert with their suspicions. They demanded to see the aviary and investigate if Wingsoar had been captured by the unknown bird lover. Albert, ashamed and remorseful, led them to the aviary, expressing his regret for his actions.

Til deres lettelse fandt de Vingeflugt uskadt og i god behold i volieren. De befriede den stolte due og tog den med tilbage til Tårnborg. Vingeflugts tilbagevenden blev fejret som en triumf over mysteriet og en genforening mellem venner.

To their relief, they found Wingsoar unharmed and in good condition inside the aviary. They freed the proud pigeon and brought it back to Tårnborg. Wingsoar's return was celebrated as a triumph over the mystery and a reunion among friends.

Mysteriet om Den Fornyede Venskab
The Mystery of the Renewed Friendship

Fru Hansen var en ældre dame, der boede i en malerisk landsby ved havet. Hun havde en veninde, fru Jensen, som hun havde været tæt knyttet til i mange år. De delte glæder og sorger, men i løbet af de sidste måneder havde deres venskab begyndt at falme. Fru Hansen følte en tristhed over tabet af deres tætte forbindelse og besluttede sig for at løse mysteriet om den forsvundne venskab.

Mrs. Hansen was an elderly lady who lived in a picturesque seaside village. She had a friend, Mrs. Jensen, whom she had been closely connected to for many years. They shared joys and sorrows, but over the past few months, their friendship had started to fade. Mrs. Hansen felt a sadness over the loss of their close bond and decided to solve the mystery of the vanished friendship.

Fru Hansen begyndte at reflektere over, hvad der kunne have forårsaget afstanden mellem dem. Hun mindedes deres tidligere glade øjeblikke og opdagede, at der var sket en gradvis forandring. De plejede at gå ture langs kysten, have lange samtaler og dele deres drømme, men nu syntes alt at være ændret.

Mrs. Hansen began to reflect on what could have caused the distance between them. She reminisced about their previous happy moments and discovered that a gradual change had taken place.

They used to go for walks along the coast, have long conversations, and share their dreams, but now everything seemed different.

Fru Hansen besluttede sig for at handle og inviterede fru Jensen til en hyggelig frokost på deres yndlingscafé. De sad ved et lille bord og begyndte at tale om de ting, der plejede at bringe dem tættere sammen. Fru Hansen delte sine bekymringer og sagde, hvor meget hun savnede deres dybe venskab.

Mrs. Hansen decided to take action and invited Mrs. Jensen for a cozy lunch at their favorite café. They sat at a small table and started discussing the things that used to bring them closer. Mrs. Hansen shared her concerns and expressed how much she missed their deep friendship.

Til hendes overraskelse blev fru Jensen rørt af fru Hansens ærlige ord. Hun afslørede, at hun også havde følt sig ensom og savnet deres tætte bånd. I stedet for at tale om deres problemer havde de begge valgt at trække sig tilbage, hvilket førte til den uønskede afstand mellem dem.

To her surprise, Mrs. Jensen was touched by Mrs. Hansen's honest words. She revealed that she, too, had felt lonely and missed their close bond. Instead of discussing their issues, they had both chosen to withdraw, which led to the unwanted distance between them.

I det øjeblik besluttede de sig for at gøre en indsats for at genoplive deres venskab. De lovede at være mere åbne og kommunikere om deres følelser. De besluttede sig også for at genoplive deres gamle traditioner og tage ture langs kysten, have kaffedates og genopdage de ting, der bragte dem glæde.

In that moment, they decided to make an effort to revive their friendship. They promised to be more open and communicate about their feelings. They also decided to revive their old traditions and take walks along the coast, have coffee dates, and rediscover the things that brought them joy.

Med tiden begyndte fru Hansen og fru Jensen at genopbygge det tætte bånd, de engang havde haft. Deres samtaler blev dybere, deres latter blev mere hjertelig, og deres venskab blev stærkere end nogensinde før. De indså, at selv de mest værdifulde venskaber kan opleve bump på vejen, men med ærlighed og indsats kan de også blomstre igen.

Over time, Mrs. Hansen and Mrs. Jensen started rebuilding the close bond they once had. Their conversations became deeper, their laughter became more heartfelt, and their friendship grew stronger than ever before. They realized that even the most valuable friendships can experience bumps along the way, but with honesty and effort, they can also flourish again.

Katten ved Busstoppestedet
The Cat at the Bus Stop

Det var en regnfuld eftermiddag, og folk samledes ved busstoppestedet, da de ventede på deres busser. Midt i mængden var der en lille, pjusket kat, der søgte ly under en bænk. Katten virkede fortabt og ensom, og dens triste øjne tiltrak opmærksomhed fra de forbipasserende.

It was a rainy afternoon, and people gathered at the bus stop as they waited for their buses. In the midst of the crowd, there was a small, scruffy cat seeking shelter under a bench. The cat seemed lost and lonely, and its sad eyes caught the attention of passersby.

En ældre dame ved navn fru Andersen blev rørt af synet af den lille kat og besluttede sig for at hjælpe den. Hun nærmede sig forsigtigt og strakte hånden ud for at forsøge at lokke katten ud fra dens skjulested. Efter lidt modstand lod katten sig blidt nusse og kom frem fra sin skjul.

An elderly lady named Mrs. Andersen was touched by the sight of the little cat and decided to help. She approached cautiously and extended her hand to try to coax the cat out of its hiding place. After a little resistance, the cat allowed itself to be gently petted and emerged from its hiding spot.

Fru Andersen kunne straks mærke en særlig forbindelse med katten. Hun besluttede sig for at tage den med hjem og give den et trygt sted at bo. Hun kaldte den for Prikke, på grund af dens karakteristiske prikker på pelsen.

Mrs. Andersen immediately felt a special connection with the cat. She decided to take it home and provide it with a safe place to stay. She named it Dot, due to its distinctive spots on the fur.

Dot tilpassede sig hurtigt til sit nye hjem og blev en trofast følgesvend for fru Andersen. De tilbragte mange timer sammen, hvor de delte øjeblikke af stilhed og selskab. Dot gav fru Andersen trøst og glæde, og hendes hjem blev fyldt med kærlighed og omsorg.

Dot quickly adapted to his new home and became a loyal companion to Mrs. Andersen. They spent many hours together, sharing moments of silence and companionship. Dot brought comfort and joy to Mrs. Andersen, and her home was filled with love and care.

Snart blev Dot kendt i nabolaget som den venlige og charmerende kat, der altid var klar til en kærlig klap eller en legesyg stund. Folk begyndte at stoppe op ved busstoppestedet for at besøge Dot, og de blev beroliget af dens nærvær og ro.

Soon, Dot became known in the neighborhood as the friendly and charming cat always ready for a loving stroke or a playful moment. People started stopping by the bus stop to visit Dot, and they were comforted by his presence and tranquility.

Så længe Dot var der, følte folk sig forbundet og mindede om betydningen af omsorg og venlighed over for hinanden. Dot og fru Andersen fortsatte med at berige livene omkring busstoppestedet og minde alle om, at selv i travle tider kan et øjeblik med medmenneskelighed gøre en verden til forskel.

As long as Dot was there, people felt connected and reminded of the importance of care and kindness towards one another. Dot and Mrs. Andersen continued to enrich the lives around the bus stop and remind everyone that even in busy times, a moment of compassion can make a world of difference.

Damernes Læseklub
The Ladies' Book Club

I den hyggelige by Greveby boede der en gruppe kvinder, der delte en fælles passion for litteratur. De mødtes hver måned i det lokale bibliotek for at diskutere deres yndlingsbøger og opdage nye litterære skatte. De kaldte sig selv for "Damernes Læseklub" og skabte et varmt og indbydende fællesskab.

In the cozy town of Greveby, there lived a group of women who shared a common passion for literature. They gathered every month at the local library to discuss their favorite books and discover new literary treasures. They called themselves "The Ladies' Book Club" and created a warm and welcoming community.

En af medlemmerne i læseklubben, fru Jensen, var en ivrig læser og altid på udkig efter nye bøger at udforske. Hun stødte på en gammel roman i bibliotekets krog, der syntes at have været glemt gennem årene. Bogen havde ingen titel, men dens slidte sider og støvede omslag fangede hendes interesse.

One of the members of the book club, Mrs. Jensen, was an avid reader and always on the lookout for new books to explore. She stumbled upon an old novel in a corner of the library that seemed to have been forgotten over the years. The book had no title, but its worn pages and dusty cover piqued her interest.

Fru Jensen besluttede sig for at tage bogen med til næste læseklubmøde og dele sin opdagelse med de andre kvinder. De var nysgerrige og spændte på at dykke ned i ukendt litteratur. Sammen åbnede de bogen og begyndte at læse.

Mrs. Jensen decided to bring the book to the next book club meeting and share her discovery with the other women. They were curious and eager to delve into unknown literature. Together, they opened the book and began to read.

Historien, som udfoldede sig, var en magisk fortælling om eventyr, kærlighed og selverkendelse. Kvinderne blev opslugt af de smukke beskrivelser, de levende karakterer og den dybde, som historien bragte med sig. De vidste, at de havde opdaget noget særligt, noget der skulle deles med verden.

The story that unfolded was a magical tale of adventure, love, and self-discovery. The women were captivated by the beautiful descriptions, vivid characters, and the depth the story brought. They knew they had stumbled upon something special, something that needed to be shared with the world.

Damernes Læseklub besluttede sig for at finde ud af mere om denne ukendte bog og dens mystiske forfatter. De konsulterede bibliotekets arkiver og søgte efter spor, der kunne lede dem til forfatterens identitet. Efter mange timers graveri stødte de endelig på et navn - Charlotte Williams.

The Ladies' Book Club decided to find out more about this unknown book and its mysterious author. They consulted the library's archives and searched for clues that could lead them to the author's identity. After many hours of digging, they finally came across a name - Charlotte Williams.

Det viste sig, at Charlotte Williams var en talentfuld forfatter, der havde boet i Greveby for mange år siden. Hendes bøger blev beundret af lokale læsere, men efterhånden blev hun glemt over tid. Damernes Læseklub blev inspireret af hendes historie og besluttede sig for at genopdage og fejre hendes værker.

It turned out that Charlotte Williams was a talented writer who had lived in Greveby many years ago. Her books were admired by local readers, but over time, she had been forgotten. The Ladies' Book Club was inspired by her story and decided to rediscover and celebrate her works.

De arrangerede et særligt arrangement på biblioteket for at hædre Charlotte Williams' bidrag til litteraturen. De inviterede byens beboere til at deltage i en aften fyldt med oplæsninger, diskussioner og refleksion over hendes historier. Charlotte Williams' bøger blev igen opdaget og elsket af nye generationer af læsere.

They organized a special event at the library to honor Charlotte Williams' contribution to literature. They invited the town's residents to participate in an evening filled with readings, discussions, and reflections on her stories. Charlotte Williams' books were rediscovered and beloved by new generations of readers.

Damernes Læseklub fortsatte med at værne om litteraturen og deres fællesskab. De vidste, at bag hver bog var der en historie, en forfatter og en skat, der ventede på at blive opdaget. Og med hver side vendt åbnede de døren til nye verdener og oplevelser, der ville berige deres liv.

The Ladies' Book Club continued to cherish literature and their community. They knew that behind every book, there was a story, an author, and a treasure waiting to be discovered. And with each page turned, they opened the door to new worlds and experiences that would enrich their lives.

Kvinden ved Havet
The Woman by the Sea

———

Ved en afsidesliggende kyststrækning boede der en enlig kvinde ved navn Ingrid. Hun boede i et lille hus ved havet og levede et stille og tilbagetrukket liv. Hver dag gik hun langs stranden, lod havets bølger vaske hendes bekymringer væk og betragtede solnedgangen med en uforklarlig længsel.

In a remote coastal stretch, there lived a solitary woman named Ingrid. She resided in a small house by the sea and led a quiet and secluded life. Every day, she walked along the beach, letting the waves of the sea wash away her worries and gazing at the sunset with an inexplicable longing.

En dag, mens hun gik langs kysten, opdagede Ingrid en flaske, der var skyllet op på stranden. Nysgerrig tog hun flasken op og fandt en lille besked indeni. Beskeden var skrevet af en ukendt person og lød: "Jeg søger efter sandheden. Hvis du finder denne flaske, så lad os mødes ved fyrtårnet i aften."

One day, as she walked along the coast, Ingrid discovered a bottle that had washed up on the beach. Curiously, she picked up the bottle and found a small message inside. The message was written by an unknown person and read: "I am searching for the truth. If you find this bottle, let us meet at the lighthouse tonight."

Ingrid blev forbløffet over den mystiske besked og undrede sig over, hvem afsenderen kunne være. Fascineret af tanken om et møde, besluttede hun sig for at tage til fyrtårnet senere på aftenen. Hun spekulerede på, hvilken slags historie der ville udspille sig foran hende.

Ingrid was amazed by the mysterious message and wondered who the sender could be. Intrigued by the idea of a meeting, she decided to go to the lighthouse later in the evening. She pondered what kind of story would unfold before her.

Da aftenen faldt på, begav Ingrid sig mod fyrtårnet. Lyden af bølgerne og havets brusen fulgte hende på vejen. Da hun nåede frem, opdagede hun en skikkelse stående ved tårnets fod - en mand iført en mørk frakke, der spejlede sig i månens skær.

As evening fell, Ingrid made her way to the lighthouse. The sound of the waves and the roar of the sea accompanied her on the journey. When she arrived, she discovered a figure standing at the base of the tower - a man in a dark coat, reflecting in the moonlight.

Manden trådte frem og præsenterede sig som Emil. Han havde sendt beskeden i flasken i håbet om at finde en sjæl, der kunne forstå hans længsel efter sandheden om livet og kærligheden. Ingrid og Emil begyndte at dele deres tanker og drømme, mens de stod der under den strålende stjernehimmel.

The man stepped forward and introduced himself as Emil. He had sent the message in the bottle in hopes of finding a soul who could understand his longing for the truth about life and love. Ingrid and Emil began sharing their thoughts and dreams as they stood there beneath the radiant starry sky.

I deres samtale fandt de en forbindelse, der gik ud over ord. De følte sig forstået og forbundet på en særlig måde. Ingrid og Emil fortsatte med at mødes ved havet, delte deres historier og opdagede nye aspekter af sig selv og verden omkring dem.

In their conversation, they found a connection that went beyond words. They felt understood and connected in a special way. Ingrid and Emil continued to meet by the sea, sharing their stories and discovering new aspects of themselves and the world around them.

Langsomt, som dagene og månederne gik, udviklede deres venskab sig til noget dybere. De støttede hinanden gennem livets op- og nedture, og deres møder ved havet blev et symbol på håb og gensidig forståelse.

Slowly, as the days and months passed, their friendship developed into something deeper. They supported each other through the ups and downs of life, and their meetings by the sea became a symbol of hope and mutual understanding.

Ingrid og Emil opdagede, at sandheden, som de havde søgt, var at finde i øjeblikkene af ægte forbindelse og venskab. Ved havet fandt de ro og en følelse af hjem, der ville vare ved resten af deres liv.

Ingrid and Emil discovered that the truth they had sought was found in moments of genuine connection and friendship. By the sea, they found peace and a sense of home that would last a lifetime.

Det Forsvundne Armbånd
The Missing Bracelet

———

I den lille by Nyborg boede der en ældre dame ved navn fru Hansen. Hun var kendt for sin elegante stil og unikke smykker. Et af hendes mest værdifulde smykker var et armbånd, der var blevet videregivet gennem generationer i hendes familie. Armbåndet var prydet med ædelsten og bar en historie om kærlighed og styrke.

In the small town of Nyborg, there lived an elderly lady named Mrs. Hansen. She was known for her elegant style and unique jewelry. One of her most precious pieces was a bracelet that had been passed down through generations in her family. The bracelet was adorned with gemstones and carried a story of love and resilience.

En dag opdagede fru Hansen, at armbåndet var forsvundet. Hun havde lagt det på sin natbord, som hun altid gjorde, men nu var det sporløst væk. Hun gennemsøgte sit hus, ledte højt og lavt, men armbåndet var ingen steder at finde. Hun blev fyldt med sorg og bekymring og vidste ikke, hvor hun skulle henvende sig.

One day, Mrs. Hansen discovered that the bracelet was missing. She had placed it on her nightstand, as she always did, but now it was gone without a trace. She searched her house, high and low, but the bracelet was nowhere to be found. She was filled with sorrow and worry, not knowing where to turn.

Fru Hansen besluttede sig for at bede om hjælp. Hun kontaktede det lokale politi og bad dem om at undersøge sagen. Betjent Jensen blev tildelt opgaven og lovede at gøre sit bedste for at finde armbåndet og bringe det tilbage til fru Hansen.

Mrs. Hansen decided to seek help. She contacted the local police and asked them to investigate the case. Officer Jensen was assigned the task and promised to do his best to find the bracelet and return it to Mrs. Hansen.

Officer Jensen begyndte sin efterforskning ved at interviewe fru Hansens naboer og venner. Han ledte også efter spor i hendes hus og søgte i området omkring det. Men ingen vidste, hvor armbåndet kunne være, og der var ingen tegn på indbrud eller tyveri.

Officer Jensen began his investigation by interviewing Mrs. Hansen's neighbors and friends. He also searched for clues in her house and investigated the surrounding area. But no one knew where the bracelet could be, and there were no signs of burglary or theft.

I sit forsøg på at finde armbåndet kom Officer Jensen i tanke om noget. Han vidste, at fru Hansen plejede at tage lange gåture i parken. Han besluttede sig for at besøge parken og se, om der var nogen, der havde set noget usædvanligt.

In his quest to find the bracelet, Officer Jensen remembered something. He knew that Mrs. Hansen used to take long walks in the park. He decided to visit the park and see if anyone had witnessed anything unusual.

Mens Officer Jensen spadserede gennem parken, opdagede han en ung dreng, der legede i sandkassen. Noget fangede hans opmærksomhed - en gnistrende genstand, der skinnede i solen. Han gik tættere på og indså, at det var fru Hansens forsvundne armbånd.

As Officer Jensen strolled through the park, he noticed a young boy playing in the sandbox. Something caught his attention - a glimmering object shining in the sun. He approached closer and realized it was Mrs. Hansen's missing bracelet.

Officer Jensen gik hen til drengen og spurgte ham, hvor han havde fundet armbåndet. Drengen fortalte, at han havde fundet det på jorden, da han legede i sandkassen. Han havde taget det med hjem, fordi han tænkte, det var en skat. Han vidste ikke, at det tilhørte fru Hansen.

Officer Jensen approached the boy and asked him where he had found the bracelet. The boy explained that he had found it on the ground while playing in the sandbox. He had taken it home, thinking it was a treasure. He didn't know it belonged to Mrs. Hansen.

Officer Jensen tog armbåndet med tilbage til fru Hansen. Da han gav hende det, var hun fyldt med lettelse og glæde. Armbåndet var tilbage, og historien og minderne, det bar på, ville fortsætte med at leve videre.

Officer Jensen returned the bracelet to Mrs. Hansen. As he handed it to her, she was filled with relief and joy. The bracelet was back, and the story and memories it held would continue to live on.

Fru Hansen takkede Officer Jensen for hans dedikation og hjælp med at finde armbåndet. Hun indså, at selvom det var et materielt objekt, havde det en dyb betydning for hende. Det mindede hende om sin familie og de kærlighedsbånd, der strakte sig gennem generationer.

Mrs. Hansen thanked Officer Jensen for his dedication and assistance in finding the bracelet. She realized that even though it was a material object, it held deep significance for her. It reminded her of her family and the bonds of love that stretched through generations.

Fra den dag værdsatte fru Hansen armbåndet endnu mere og bar det med stolthed og kærlighed. Og hver gang hun så det på sin arm, blev hun mindet om historien om det forsvundne armbånd og den hjælp, hun havde modtaget fra Officer Jensen.

From that day on, Mrs. Hansen cherished the bracelet even more and wore it with pride and love. And every time she looked at it on her wrist, she was reminded of the story of the missing bracelet and the assistance she had received from Officer Jensen.

Den Hemmelige Boghandler
The Secret Bookseller

I hjertet af København, blandt de brostensbelagte gader og farverige facader, fandtes der en lille, skjult boghandel. Den var ikke kendt af mange, men dem der kendte til den, vidste, at det var et sted, hvor magien med litteraturen blev vævet sammen med et særligt fællesskab. Boghandlen tilhørte en mystisk og jovial mand ved navn Klaus, der elskede bøger med hele sit hjerte.

In the heart of Copenhagen, amidst the cobblestone streets and colorful facades, there existed a small, hidden bookstore. It was not known to many, but those who were aware of it knew it was a place where the magic of literature intertwined with a special community. The bookstore belonged to a mysterious and jovial man named Klaus, who loved books with all his heart.

Klaus havde en unik evne til at finde de mest sjældne og betagende bøger, som han tilføjede til sit sortiment. Han var en passioneret fortaler for læsning og vidste, at en god bog kunne ændre en persons liv. Boghandlen var ikke kun et sted at købe bøger; det var et sted, hvor sjæle blev beriget og drømme blev opfyldt.

Klaus had a unique ability to find the most rare and captivating books, which he added to his collection. He was a passionate advocate for reading and knew that a good book could change a person's life. The bookstore was not just a place to purchase books; it was a place where souls were enriched and dreams were fulfilled.

En dag besøgte en ung kvinde ved navn Signe den skjulte boghandel. Hun var en drømmer og en eventyrlysten sjæl, og hun søgte efter inspiration og meningsfulde historier. Da hun trådte ind i boghandlen, kunne hun straks mærke den særlige atmosfære og den fortryllende stemning, der fyldte rummet.

One day, a young woman named Signe visited the hidden bookstore. She was a dreamer and an adventurous soul, seeking inspiration and meaningful stories. As she stepped into the bookstore, she could immediately feel the special atmosphere and the enchanting ambiance that filled the room.

Klaus bød Signe velkommen med et varmt smil og spurgte hende, hvilken slags historie hun søgte. Signe åbnede sit hjerte og beskrev sin længsel efter eventyr, kærlighed og selvopdagelse. Klaus vidste præcis, hvilken bog der ville være perfekt til hende og førte hende hen til en hylde, hvor en smuk indbunden bog ventede på hende.

Klaus welcomed Signe with a warm smile and asked her what kind of story she was seeking. Signe opened her heart and described her longing for adventure, love, and self-discovery. Klaus knew exactly which book would be perfect for her and led her to a shelf where a beautiful hardbound book awaited her.

Signe sad i timevis, dybt fordybet i bogen. Hver side tog hende med på en uforglemmelig rejse, hvor hun oplevede alt det, hun længtes efter. Da hun endelig lukkede bogen, vidste hun, at noget i hendes liv var blevet forvandlet.

Signe sat for hours, deeply engrossed in the book. Each page took her on an unforgettable journey, where she experienced everything she longed for. When she finally closed the book, she knew that something in her life had been transformed.

Hun skyndte sig tilbage til den skjulte boghandel for at takke Klaus og dele sin taknemmelighed. Men til hendes overraskelse var boghandlen tom. Klaus var der ikke. Hun fandt et brev på disken, hvor Klaus forklarede, at hans tid i boghandlen var slut, og at han var draget videre på sin egen eventyrlige rejse.

She hurried back to the hidden bookstore to thank Klaus and express her gratitude. But to her surprise, the bookstore was empty. Klaus was not there. She found a letter on the counter, where Klaus explained that his time in the bookstore had come to an end, and he had embarked on his own adventurous journey.

Signe følte en blanding af glæde og sorg. Hun vidste, at Klaus havde opdaget sin egen skæbne og var taget afsted for at finde nye eventyr. Men i hendes hjerte vidste hun også, at hun ville bære bogen og Klaus' visdom med sig for evigt.

Signe felt a mixture of joy and sorrow. She knew that Klaus had discovered his own destiny and had set off to find new adventures. But in her heart, she also knew that she would carry the book and Klaus's wisdom with her forever.

Hun besluttede sig for at videreføre Klaus' arv og åbnede sin egen boghandel ved siden af den skjulte boghandel. Hendes butik blev et sted, hvor folk kunne finde ikke kun bøger, men også inspiration, håb og fællesskab. Og når hun så ind i hver enkelt besøgendes øjne, kunne hun mærke den samme gnist af længsel og eventyr, som havde fyldt hendes eget hjerte.

She decided to carry on Klaus's legacy and opened her own bookstore next to the hidden one. Her shop became a place where people could find not just books but also inspiration, hope, and community. And as she looked into the eyes of each visitor, she could sense the same spark of longing and adventure that had filled her own heart.

Damen med den Blå Hat
The Lady with the Blue Hat

Det var en solrig eftermiddag i den maleriske by Ribe. Folk gik gennem de brostensbelagte gader, og lyden af latter fyldte luften. Midt i mængden stod en ældre kvinde iført en strålende blå hat. Hendes navn var fru Olsen, og hun var kendt i byen for sin livlige personlighed og sin smukke samling af hatte.

It was a sunny afternoon in the picturesque town of Ribe. People strolled through the cobblestone streets, and the sound of laughter filled the air. In the midst of the crowd stood an elderly woman wearing a vibrant blue hat. Her name was Mrs. Olsen, and she was known in town for her vibrant personality and her beautiful collection of hats.

Fru Olsen elskede sine hatte og bar dem med stolthed. Hver hat havde sin egen historie og en særlig betydning for hende. Hun følte, at de gav hende mod og selvtillid til at udtrykke sin unikke stil og personlighed.

Mrs. Olsen loved her hats and wore them with pride. Each hat had its own story and a special meaning to her. She felt they gave her courage and confidence to express her unique style and personality.

En dag mens fru Olsen var på sin sædvanlige tur til torvet, opdagede hun en lille hatbutik i en sidegade. Butikken var fyldt med farverige hatte i alle former og størrelser. Hun kunne ikke modstå fristelsen og gik ind for at udforske.

One day, while Mrs. Olsen was on her usual stroll to the market square, she discovered a small hat shop tucked away in a side street. The shop was filled with colorful hats of all shapes and sizes. She couldn't resist the temptation and stepped inside to explore.

Butikkens ejer, en ung kvinde ved navn Ingrid, hilste fru Olsen varmt velkommen. Hun kunne straks fornemme fru Olsens lidenskab for hatte og begyndte at vise hende forskellige stilarter og designs. Fru Olsen var henrykt og prøvede ivrigt forskellige hatte, mens hun betragtede sig selv i spejlet.

The shop owner, a young woman named Ingrid, greeted Mrs. Olsen warmly. She could immediately sense Mrs. Olsen's passion for hats and began showing her different styles and designs. Mrs. Olsen was delighted and eagerly tried on various hats, admiring herself in the mirror.

Da fru Olsen fandt en særlig blå hat, der matchede hendes øjne perfekt, vidste hun, at det var skæbnen. Hun besluttede sig for at købe hatten og følte en umiddelbar forbindelse til Ingrid. De blev snart venner og begyndte at tilbringe tid sammen, snakkende om hatte, livet og drømmene, deres hatte symboliserede.

When Mrs. Olsen found a particular blue hat that matched her eyes perfectly, she knew it was destiny. She decided to purchase the hat and felt an immediate connection with Ingrid. They soon became friends and started spending time together, talking about hats, life, and the dreams their hats symbolized.

Fru Olsen begyndte at besøge Ingrids butik regelmæssigt og blev en slags ambassadør for hendes hatte. Hun bar dem med stolthed og fortalte alle om den magi, der lå i at bære en hat, der udtrykte ens personlighed og individualitet.

Mrs. Olsen started visiting Ingrid's shop regularly and became a sort of ambassador for her hats. She wore them with pride and told everyone about the magic of wearing a hat that expressed one's personality and individuality.

Til sidst blev Ribe kendt som "byen med de fantastiske hatte," og Ingrids butik blev et destinationsted for hatteelskere overalt. Men det var fru Olsen, der forblev det sande ikon - "Damen med den Blå Hat" - der mindede alle om vigtigheden af at udtrykke sig selv med glæde og mod.

Eventually, Ribe became known as the "town of fantastic hats," and Ingrid's shop became a destination for hat lovers everywhere. But it was Mrs. Olsen who remained the true icon - "The Lady with the Blue Hat" - reminding everyone of the importance of expressing oneself with joy and courage.